BALLET

DES

SAISONS.

REPRESENTÉ

PAR L'ACADEMIE ROYALLE

DE MUSIQUE.

On le vend,

A PARIS,

A l'Entrée de la Porte de l'Academie Royalle de Musique,
au Palais Royal, ruë Saint Honoré.

Imprimé aux dépens de ladite Academie.

Par CHRISTOPHE BALLARD, seul Imprimeur du Roy
pour la Musique.

M. DC. XCV.

AVEC PRIVILEGE DE SA MAIESTÉ.

BALLET
DES SAISONS,
PROLOGUE.

Le Theatre represente une Campagne embellie de Boccages & de Prairies, coupées par le Fleuve du Permesse, & dans l'éloignement le Mont Helicon.

SCENE PREMIERE.

MELPOMENE, EUTERPE, ET LE DIEU DU PERMESSE appuyé sur une Urne.

Tous trois ensemble.

AH ! que sont devenus nos jours les plus charmans !

MELPOMENE.

Quand pourrons-nous bannir cette sombre tristesse
Qui regne depuis si long-temps
Dans les climats où coule le Permesse ?

MELPOMENE, EUTERPE ET LE FLEUVE.

Ah! que sont devenus nos jours les plus charmans!

EUTERPE.

La Gloire trop heureuse.
Du Heros qu'elle sert borne tous les desirs,
Avec elle autrefois nous faisions ses plaisirs:
Non, rien ne peut calmer nostre douleur affreuse.

MELPOMENE, EUTERPE ET LE FLEUVE.

Ah! que sont devenus nos jours les plus chamans!

LE FLEUVE.

Vous éternisez sa memoire
Par le recit de ses faits éclattans,
Vous sauvez son grand nom de l'outrage du temps,
Et tous vos soins sont pour sa gloire.

CLIO.

La seule Paix a dequoy le charmer,
Preparez vos Concerts & cessez de vous plaindre,
Quoy qu'il puisse se faire craindre
Il ayme mieux se faire aymer.

On entend icy un Concert harmonieux, qui annonce l'arrivée d'Apollon.

MELPOMENE, EUTERPE ET LE FLEUVE.

Quel bruit, quelle douce harmonie,
Vient dissiper nostre mélancolie?
Le Permesse se leve & vient sur le Theatre.

SCENE SECONDE.

LE PERMESSE ET LES TROIS MUSES.

LE PERMESSE.

Moderez vostre cours, coulez plus lentement,
Impatientes Ondes,
Vostre murmure trouble un Concert si charmant ;
Coulez plus lentement
Impatientes Ondes.

Et vous Divinitez des Eaux,
Sortez de vos Grottes profondes,
Pour écouter des chants si doux & si nouveaux.

Les Nymphes & les Nayades sortent des Eaux.

CLIO.

Ce bruit me fait connoistre
Qu' Apollon va paroistre.

LE PERMESSE.

Nous allons joüir des beaux jours
Par son auguste presence ;
Ondes reprenez vostre cours,
Portez en cent climats sa gloire & sa puissance.

SCENE TROISIE'ME.

LE PERMESSE, LES TROIS MUSES, LES NYMPHES, LES NAYADES.
APOLLON dans un Chart brillant.

APOLLON.

Finissez vos soûpirs,
Je ramene en ces lieux les Jeux & les Plaisirs.

Le plus grand Heros de la terre
Occupé nuit & jour du soin de ses sujets,
Au milieu de la Guerre,
Leur fait goûter une profonde Paix.

LES TROIS MUSES.

Ses ennemis troublez redoutent sa colere,
Son bras confond leur orgueil temeraire.

APOLLON.

Admirez ses vertus, celebrez ses bien-faits,
Qu'il regne sur vous à jamais.

LES TROIS MUSES ET LE PERMESSE.

Admirons ses vertus, celebrons ses bien-faits,
Qu'il regne sur nous à jamais.

PROLOGUE.

APOLLON.

Vivant sous sa conduite
Muses dans vos Concerts,
Chantez ce qu'il a fait, chantez ce qu'il medite,
Et portez-en le bruit au bout de l'Univers;
Dans ce recit faites entendre
A l'Empire François ce qu'il doit esperer,
Au Monde entier ce qu'il doit admirer,
Aux Roys ce qu'ils doivent apprendre.

Ces Vers sont de Monsieur Quinault.

CHOEUR.

Rangeons-nous sous ses loix
Il est beau de les suivre.

APOLLON.

Rien n'est si doux que de vivre,
A la Cour de LOUIS, le plus parfait des Roys.

Monsieur Quinault

CHOEUR.

Rien n'est si doux que de vivre,
A la Cour de LOUIS, le plus parfait des Roys.

APOLLON.

Je vais terminer la querelle
Qui desunit les Saisons aujourd'huy,
Occupez-vous de sa gloire nouvelle,
Et formez des Concerts qui soient dignes de luy.

Apollon s'enleve sur son Chart.

BALLET DES SAISONS, PROLOGUE.

LES TROIS MUSES ET LE PERMESSE.

De nos charmans Concerts que l'Echo retentisse,
Qu'avec nous tout s'unisse,
Celebrons les fameux exploits,
Du plus parfait des Roys.

LE PERMESSE ET LES CHOEURS.

La Gloire s'attache sans cesse
Aux pas de ce fameux Vainqueur;
S'il fait admirer sa sagesse,
Il fait redouter sa valeur.

Les Muses & le Permesse se retirent.

CHOEUR.

Aymons sans nous contraindre,
Nous n'avons rien à craindre;
Jusques dans ses rigueurs
L'Amour a des douceurs,
L'objet le plus severe
S'arme en vain de fierté;
Quand on sçait l'Art de plaire,
On est bien-tost écouté.

FIN DU PROLOGUE.

PREMIERE ENTRÉE.

Le Theatre represente une Campagne riante, coupée de plusieurs Ruisseaux, & bordée de Costeaux couverts de fleurs & de verdure.

Dans cett premiere Entrée on repre sente l'amou coquet.

SCENE PREMIERE.

LE PRINTEMPS seul.

'Affreuse Discorde en ce jour
Renouvelle entre nous une guerre fatale;
Chaque Saison tour à tour
Veut l'emporter sur sa rivale.

Mais en vain au Printemps on croit donner la loy,
J'espere qu'Apollon s'expliquera pour moy.

B

J'anime toute la Nature,
Des plus affreux hivers j'écarte les frimats,
J'amene les beaux jours, les fleurs & la verdure,
La Terre à mon retour reprend tous ses appas.

Les Ris, les Jeux, la charmante Jeunesse,
Accompagnent toûjours mes pas,
Les Plaisirs me suivent sans cesse,
Tout languit où je ne suis pas.

Pour obtenir la preference
Faisons éclater ma puissance ;
Assemblons les Plaisirs avec tous leurs attraits,
Que la Terre embellie étale mes bien-faits,
Que la brillante Flore & le jeune Zephire
Parfument en ces lieux l'air que l'on y respire.

SCENE DEUXIE'ME.

ZEPHIRE seul.

CHarmans ruisseaux, boccages renaissans,
Vous aviez autrefois dequoy flatter mes sens,
Je goûtois à vous voir une douceur extrême ;
Si pour mes yeux vous n'avez plus d'appas
Ah! ne vous en offencez pas,
Ils n'en sçauroient trouver loin de celle que j'ayme.

Cloris paroist sans estre apperceuë du Zephire.

Mon cœur inconstant & leger
S'est toûjours fait un plaisir de changer,
A brûler plus d'un jour rien n'a pû le contraindre;
Mais il revient à Flore, elle fixe mes vœux,
Ses appas de mon ame ont rallumé des feux
Que je ne puis éteindre.
Je voy Cloris.

SCENE TROISIE'ME.

ZEPHIRE, CLORIS.

CLORIS.

Finissez vos regrets.

ZEPHIRE.

Flore ne répond point à mon impatience.

CLORIS.

Dans ces lieux sa presence,
Va bien-tost dissiper vos chagrins inquiets.

ZEPHIRE.

Vous pouvez adoucir les maux de son absence,
Vous estes à mes yeux plus belle que jamais.
Si vous blâmez mon inconstance,
N'en accusez que vos attraits.

B ij

CLORIS.

Je ne puis rien comprendre à voftre humeur legere.

ZEPHIRE.

L'amour eft un tribut qu'on doit à la beauté.

CLORIS.

Vos difcours ne me touchent guere,
Je connois trop voftre legereté.

Vous fentez, malgré vous affoiblir voftre chaîne
Quand vous voyez Flore un moment ;
Vous la cherchez avec empreffement,
Et vous la quitterez fans peine.

ZEPHIRE.

Le feul amour a droit de nous charmer,
A fon gré fous fes loix il nous range ;
Eft-ce ma faute fi je change
Lorfque d'un feu nouveau ce Dieu veut m'enflâmer?

On entend icy un bruit de Mufique, & on
voit la Terre s'embellir.

ZEPHIRE.

Que vois-je? la Terre fe pare
De fes ornements les plus beaux ;
Quelle douceur fe mefle au murmure des eaux?
Le Ciel prodigue icy ce qu'il a de plus rare ;

Tout y semble charmer les soins de mon amour :
O Dieux ! c'est la brillante Flore,
Les fleurs que sous nos pas la Terre fait éclore
M'annoncent son retour.

SCENE QUATRIE'ME.

ZEPHIRE, FLORE, CLORIS,

Troupe de Nymphes de la suite de Flore.

ZEPHIRE.

BElle Flore, que vostre absence
Expose un cœur fidele à de funestes coups !
Les maux les plus cruels de l'Amour en couroux
N'égalent point la violence
Des maux qu'on souffre en vostre absence.

FLORE.

Me venez-vous offrir de volages amours ?

ZEPHIRE.

Mon cœur brûle pour vous d'une flame éternelle.

FLORE.

Avant que le Printemps eût finy les beaux jours
Je le verrois infidelle,
Si je voulois répondre à vostre ardeur nouvelle.

BALLET.

ZEPHIRE.

Non, je ne puis cesser d'adorer vos attraits.

FLORE.

Non, je ne vous croiray jamais.

ZEPHIRE.

Croyez en mes serments, mon amour est extrême.

FLORE.

Je vous connois mieux que vous même,
Tous vos sermens sont superflus,
Bien-tost vous ne m'aymeriez plus
Si je disois que je vous ayme.

ZEPHIRE.

Vostre froideur pour moy s'explique chaque jour.

FLORE.

Une cruelle experience
Me doit faire craindre l'amour.

Sous une trompeuse apparence
Il triomphe aisément de nostre resistance ;
Helas ! il s'en faut bien quand il nous a soûmis
Qu'il tienne ce qu'il a promis !

ZEPHIRE.

Fiez-vous à l'Amour, ses rigueurs inhumaines
Ne doivent point causer de trouble ny d'ennuy ;
Il ne promet jamais de douceurs incertaines ;

Il a dequoy payer les peines
D'un cœur qui s'abandonne à luy.

FLORE.

Jusques dans ses plaisirs il nous force à nous plaindre.

ZEPHIRE.

Cessez de craindre,
Quittez une vaine fierté.

FLORE.

Cessez de me contraindre
Mon cœur n'est que trop agité.

Tous deux ensemble.

Ah! qu'il est mal-aisé quand l'amour est extrême
De resister à ce qu'on ayme.

ZEPHIRE.

Pour triompher des Saisons aujourd'huy.

Le Printemps vient icy faire briller sa gloire;
Secondons ses efforts, une telle victoire
Nous regarde aussi bien que luy.

SCENE CINQUIE'ME.

ZEPHIRE, FLORE, & leur Suite.
LE PRINTEMPS & sa Suite, CLORIS,
Troupe de Jeux & de Plaisirs.

LE PRINTEMPS.

JEune Zephire, & vous, belle Déesse,
Rassemblez vos attraits, ma gloire vous en presse,
Joignez la douceur des amours
A la douceur des beaux jours.

ZEPHIRE & FLORE.

Joignons la douceur des amours
A la douceur des beaux jours

LE PRINTEMPS & LE CHOEUR.

C'est en vain que la sagesse
Veut forcer nos sentimens,
Pour les cœurs que l'amour blesse
Tous les plaisirs sont charmans ;
Quand on n'a point de tendresse
On n'a point d'heureux momens.

ZEPHIRE & LE CHOEUR.

Tout céde à vos doux appas, Déesse,
Tout céde à vos doux appas :

Quand

Quand par vos yeux l'amour bleſſe,
Quel cœur ne ſe ſoûmet pas?
Tout céde à vos doux appas, Déeſſe,
Tout céde à vos doux appas.

Les Ris, les Jeux, la Jeuneſſe
Sans ceſſe ſuivent vos pas;
Tout céde à vos doux appas, Déeſſe,
Tout céde à vos doux appas.

FLORE.

Amour, tu m'as ſoûmiſe encore à ta puiſſance,
Loin de te faire reſiſtance,
A reprendre mes nœuds j'ay trouvé des appas;
Je devois éviter une chaîne nouvelle;
Mais ſi Zephire enfin eſt devenu fidelle,
Amour, je te dois trop, je ne m'en repens pas.

ZEPHIRE & LES CHOEURS.

Le Printemps eſt comblé de gloire,
Il brille dans tout l'Univers;
Celebrons dans nos Concerts
Sa nouvelle victoire.

FIN DE LA PREMIERE ENTRE'E.

SECONDE ENTRE'E.

Le Theatre represente un Verger magnifique, & dans l'éloignement la Terre
couverte de moissons.

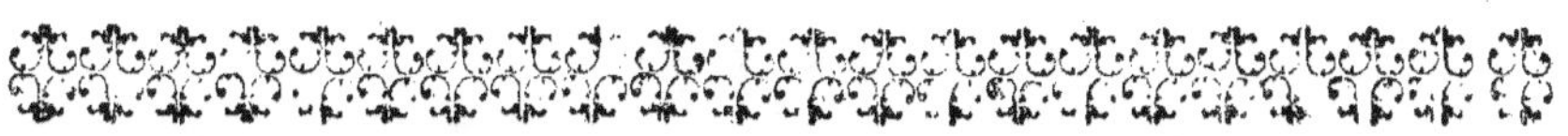

SCENE PREMIERE.
L'ESTE' seul.

Dans cette
onde En-
e on repre-
te l'amour
stant & fi-
le.

E viens accomplir les promesses
Que le Printemps a fait à l'Univers ;
Par tout on voit les champs couverts
De mes abondantes richesses.

Sans moy, sans mon divin secours,
Vainement les mortels commenceroient de vivre ;
Bien-tost l'affreuse faim termineroit leurs jours ;
C'est moy seul qui les en délivre.

Mes dons sont precieux, on ne me voit jamais
Sans Vertumne, Pomone, & l'aymable Ceres.

SCENE SECONDE.

L'ESTE', VERTUMNE.

L'ESTE'.

Quelle sombre melancolie
Entretient vostre rêverie ?

VERTUMNE.

L'Amour me fait sentir ses plus funestes coups,
Pomone est à mes vœux toûjours inexorable.

L'ESTE'.

Esperez un destin plus doux,
Il vient un temps où l'Amour favorable
Adoucit son couroux :
Il faut sur les Saisons remporter la victoire ;
Unissons nos efforts dans nos communs besoins,
Triomphons, s'il se peut, vous partagez ma gloire,
Vous devez partager mes soins.

SCENE TROISIE'ME.

VERTUMNE seul.

Que mon destin est déplorable !
Que mon desespoir est affreux !
Amour impitoyable,
Si tu ne veux me rendre heureux,
Ah ! laisse-moy du moins le funeste avantage
De haïr enfin qui m'outrage,
Et de pouvoir briser mes nœuds.

Pomone paroist & veut éviter Vertumne.

Je voy Pomone qui s'avance ;
Elle approche à regret, elle craint ma presence.

SCENE QUATRIE'ME.

VERTUMNE, POMONE.

VERTUMNE.

Si vous m'aviez crû, dans ces lieux
Vous m'auriez évité, je le vois à vos yeux.

POMONE.

Je fuis l'Amour avec un soin extrême,
Vous m'en parlez, toûjours, je ne veux plus vous voir;
Je crains son funeste pouvoir;
Je ne vous fuirois pas si vous estiez de mesme.

VERTUMNE.

Non, vous ne fuyez point l'Amour,
Vous fuyez un amant que vostre cœur dédaigne;
Ah! je ne voy que trop ce qu'il faut que je craigne;
Vostre haine pour moy redouble chaque jour.

POMONE.

Mon cœur n'a contre vous ny haine ny colere,
Si je vous haïssois je ne vous fuirois pas;
Je redoute un penchant à mon repos contraire,
L'Amour incessamment vous attache à mes pas,
Je fuis ses dangereux appas.

VERTUMNE.

En vain je me fais violence,
Je jure chaque jour de ne vous voir jamais,
Et de forcer mon amour au silence ;
Si tost que je revoy vos dangereux attraits
Je ne me souviens plus des sermens que j'ay faits.

POMONE.

Ne vous rebutez point, osez tout entreprendre,
On peut vaincre l'Amour avec un peu d'effort ;
Il n'est jamais le plus fort
Quand on veut bien s'en deffendre.

VERTUMNE.

C'est par vos yeux qu'il regne dans les cœurs,
A ses dangereuses douceurs
Dés qu'on vous voit il faut se rendre ;
N'aymerez-vous jamais à vostre tour ?
Vous disposez de l'amour,
Pour en donner, & pour n'en jamais prendre.

POMONE.

Vous ne cherchez qu'à troubler ma raison,
Il ne faut qu'un moment pour se laisser surprendre ;
Je dois de vos discours éviter le poison,
Et je ne veux plus les entendre.

VERTUMNE.

Ingratte, c'en est fait, je ne vous verray-plus,
Je suis trop rebuté par vos cruels refus,
Vos mépris contre moy n'ont que trop sceu paroistre.

POMONE.

O Dieux!

VERTUMNE.

Quoy vous plaignez mon destin rigoureux?

POMONE.

Je ne connoissois point les tourmens amoureux;
Eh! pourquoy voulez-vous me les faire connoistre?

VERTUMNE & POMONE.

L'Amour soûmet les hommes & les Dieux;
Tout ce qu'on fait pour s'en deffendre
Ne sert qu'à rendre
Son triomphe plus glorieux.

VERTUMNE.

Ah! que l'Amour a peu de gloire!
Lorsque par vous il triomphe d'un cœur,
Ses traits n'ont point de part à sa victoire,
De son triomphe il vous doit tout l'honneur:
C'est par vos appas qu'il est vainqueur,
Il ne faut que vous voir pour le croire;
Ah! que l'Amour a peu de gloire!
Lorsque par vous il triomphe d'un cœur.

Cerés paroist.

POMONE.

Cerés vient honorer ces lieux de sa presence.

SCENE CINQUIE'ME.

CERES, VERTUMNE, POMONE.

CERES.

JE vois avec plaisir vos cœurs d'intelligence,
Vertumne, enfin, n'est plus si rébuté :
Que sur nos foibles cœurs l' Amour a de puissance !
On s'arme contre luy d'une vaine fierté.

CERES, VERTUMNE ET POMONE.

Il faut ceder, il faut se rendre
En faveur d'un amour si tendre & si charmant :
Quel cœur peut long-temps se deffendre
Contre un parfait amant ?
Il faut ceder, il faut se rendre
En faveur d'un amour si tendre & si charmant.

VERTUMNE.

Je n'ay point de regret aux rigueurs de mes chaînes,
J'en suis assez récompensé ;
Qu'avec plaisir, quand l'orage est passé,
On se ressouvient de ses peines !

CERES.

CERES.

Ah ! faut-il que vostre bonheur
Rappelle à mon esprit ma perte trop fatale ?
Le Dieu dont l'Univers adore la grandeur,
Brûloit pour moy d'une ardeur sans égale ;
Helas ! il me prefere une heureuse rivale ;
J'ay perdu pour jamais son cœur ;
Ah ! faut-il que vostre bonheur
Rappelle à mon esprit ma perte trop fatale ?

Aprés tant d'injustes rigueurs
Pomone, enfin, aime un Dieu qui l'adore ;
D'une amour mutuelle ils goûtent les douceurs ;
Tandis que je verse des pleurs
Pour un ingrat que j'ayme encore
Malgré ses volages ardeurs.

VERTUMNE.

Les plus grands Dieux ont leurs foiblesses.

CERES.

L'Esté vient en ces lieux étaler les richesses
Qui comblent l'espoir des humains
Unissons-nous à ses desseins.

D

SCENE SIXIE'ME.

L'ESTE', CERES, VERTUMNE, POMONE.

Suite de l'Esté.

Tous quatre ensemble.

P*Ar une sage prévoyance*
Des bien-heureux mortels nous comblons les desirs ;
Ce n'est que dans l'abondance
Qu'on voit regner les plaisirs.

CERES.

Les mortels n'ont plus rien à craindre ;
Pour répondre à leurs vœux
J'ay suspendu les soins de mon cœur amoureux :
Helas ! je suis seule à me plaindre
Quand je rends tout le monde heureux !

Je ne pretends point vous contraindre
Joüissez de vostre bonheur,
Laissez-moy ma douleur.

Cerés sort.

L'ESTE'.

Un sort heureux suivra nostre entreprise,
Ceres nous favorise,
Nos plus fiers ennemis
Seront étonnez & soûmis.

CHOEUR.

Nos plus fiers ennemis
Seront étonnez & soûmis :
Ceres nous favorise,
Un sort heureux suivra noftre entreprife ;
Nos plus fiers ennemis
Seront étonnez & soûmis.

L'ESTE'.

Dans le bel âge à quoy bon vous contraindre ?
Jeunes beautez laiffez-vous enflammer,
Rien n'eft fi doux que le plaifir d'aimer ;
L'indifference eft tout ce qu'il faut craindre.

CHOEUR.

Rendez-vous beautez cruelles,
Profitez d'un temps fi doux ;
L'Amour fur les cœurs rebelles
Fait éclatter fon couroux ;
Ses atteintes font mortelles,
Pourquoy luy refiftez-vous ?

Une Nymphe de Pomone.

Contre l'Amour la refiftance eft vaine,
Nous ne pouvons en deffendre nos cœurs :
Quand nous croyons avoir fuy fes douceurs
Noftre penchant toûjours nous y rameine.

D ij

Second Couplet.

Ne fuyez point ses rigueurs inhumaines,
Preparez-vous à de douces langueurs ;
Si quelquefois il fait verser des pleurs,
Un doux moment fait oublier ses peines.

VERTUMNE & POMONE.

Que nous avons perdu de precieux momens !
Que nostre ardeur me paroist belle !
Ah ! que mon cœur souffriroit de tourmens
Si vous deveniez infidelle !

L'ESTE'.

Tout flatte nostre esperance,
Nous vaincrons aisément nos ennemis jaloux ;
L'Amour & l'Abondance
S'unissent avec nous.

L'Esté, Vertumne & Pomone se retirent.

CHOEUR.

Chantons la victoire nouvelle
Du Dieu qui comble nos souhaits ;
Au milieu des horreurs d'une guerre cruelle
Nous joüissons des douceurs de la paix :
Redoublons nostre zele,
Publions à jamais
Sa gloire & ses bienfaits.

FIN DE LA SECONDE ENTRE'E.

TROISIE'ME ENTRE'E.

Le Theatre represente de riches Côteaux couverts de Vignes, separées d'espace en espace d'Arbres chargez de fruits, qui se joignent les uns aux autres par des festons de Pampres.

Dans cett
Troisiéme
Entrée on r
presente l'A
mour paisi-
ble, ou l'A
mour dans l
Mariage.

SCENE PREMIERE.

L'AUTOMNE seul.

*M*On retour des mortels est toûjours souhaitté,
Je remplis leur espoir, & mon soin ordinaire
Est d'achever ce que l'Esté
Ny le Printemps n'avoient pû faire ;
Je produis la douce boisson
Qui bannit de nos jeux l'importune raison.

Bachus, ce Vainqueur indomptable,
Sans cette liqueur delectable
N'auroit jamais fini tant de fameux exploits :
A longs-traits il puisoit à table
Cette valeur incomparable
Qui fit passer l'Orient sous ses loix.

Ariadne s'avance,
D'un air sombre & rêveur
Elle attend icy ce Vainqueur ;
Ne troublons point son amoureux silence.

SCENE SECONDE.

ARIADNE, CEPHISE.

CEPHISE.

Quand tous vos vœux sont satisfaits
Pourquoy chercher la solitude ?

ARIADNE.

Amour laisse mon cœur en paix.

CEPHISE.

Calmez de vostre cœur la triste inquiétude,
Bachus brûle pour vos attraits.

ARIADNE.

Amour cruel, Amour laisse mon cœur en paix !

Un songe horrible m'épouvante,
Au milieu du sommeil j'ay crû voir ce Vainqueur ;
C'estoit luy, j'en fremis d'horreur,
Il soûpiroit aux pieds d'une nouvelle amante,
Il luy juroit une éternelle ardeur ;
J'estois interdite & tremblante ;
En vain je luy montrois le trouble de mon cœur,
Le perfide voyoit d'une ame indifferente
Et mon amour & ma douleur.

CEPHISE.

Pouvez-vous sur la foy d'une vapeur legere
Qui vous trace en dormant un mal imaginaire,
Livrer à la douleur tant de charmans appas.

ARIADNE.

Je voudrois étouffer mes soupçons ; mais, helas !
Tout me fait écoûter ce funeste presage,
Le cœur de Bachus se dégage
Malgré tous ses détours je voy son changement.

CEPHISE.

Tant d'amour pourroit-il changer en un moment ?

Pour engager nostre cœur à se rendre
Un moment suffit à l'Amour,
Quand un juste dépit nous force à le reprendre
Que l'on seroit heureux s'il ne falloit qu'un jour !

ARIADNE.

Je ne m'abuse point ma peine est sans égale,
Ah! si vous voulez me servir
Vous m'aiderez à découvrir
Mon heureuse rivale.

CEPHISE.

Je voy Bachus, il vous cherche en ces lieux.

ARIADNE.

Avec quelle froideur l'ingrat s'offre à mes yeux!

SCENE TROISIE'ME.

BACHUS, ARIADNE.

ARIADNE.

Vostre naissante ardeur me paroissoit extrême,
Rien ne devoit briser un lien si charmant,
Vous n'avez plus pour moy les transports d'un amant,
Lorsque pour vous je suis toûjours de mesme.

BACHUS.

A vos appas victorieux
Rien n'estoit égal sous les Cieux,
Lorsque je vous rendis les armes;
On voit toujours en vous briller les mesmes charmes,
Et j'ay pour vous les mesmes yeux.

ARIADNE.

ARIADNE.

Voſtre cœur loin de moy chaque jour vous entraîne,
Il ſe fait de nos feux un importun devoir ;
Je vous cherche toûjours, vous me quittez ſans peine,
Et ce n'eſt plus l'Amour qui vous rameine
Quand vous cherchez à me revoir.

BACHUS..

L'Amour de deux Epoux doit eſtre plus paiſible,
Mon cœur ſera toujours ſenſible
A vos charmans appas ;
Mais je veux, s'il eſt poſſible,
Vous aymer ſans embarras.

ARIADNE.

Un ſonge affreux avoit troublé mon ame,
Avec trop de raiſon.

BACHUS.

D'une jalouſe flâme
Evitez le poiſon.

ARIADNE.

O Ciel ! quelle froideur ! mon trouble s'en augmente ;
Dois-je me raſſeurer, & puis-je eſtre contente,
Lorſque vous trahiſſez nos feux :
Helas ! qu'il eſt facile
De vouloir que l'on ſoit tranquille
Quand on ne connoiſt point les tourmens amoureux !

BALLET

BACHUS.

Mon ardeur est sincere,
Pourquoy vous plaignez-vous
D'un amour qui n'est point jaloux ?
On ne trouve guere
Un Amant dans un Epoux.

ARIADNE.

Qu'un amour delicat & tendre
Expose à de maux rigoureux !
La raison ne peut nous deffendre
Des noirs chagrins qui viennent nous surprendre :
Ah ! que c'est un mal dangereux
Qu'un amour delicat & tendre !

BACHUS.

L'Automne vient, contraignez-vous,
J'auray soin de calmer tous vos soupçons jaloux.

SCENE QUATRIE'ME.

**L'AUTOMNE, BACHUS, Suite de l'Automne,
Troupe de Vandangeurs.**

L'AUTOMNE.

N Os Côteaux delicieux
Sont enrichis de vos dons precieux ;
Vostre liqueur douce & brillante
Va remplir nostre attente.

BACHUS.

Je fais mon suprême bonheur
De donner aux mortels cette boisson charmante ;
Par son divin secours une ame languissante
Voit du plus noir chagrin dissiper la vapeur.

Bachus sort.

L'AUTOMNE.

L' Amour fait aux mortels une cruelle guerre ,
Il desole toute la Terre ;
Entre Bachus & luy quel cœur peut hesiter ?
Lorsqu'aux loix de Bachus une ame est asservie ,
Il sçait la garentir des troubles de la vie ,
Et l' Amour vient les augmenter.

Trois Vandangeurs.

Que tes loix ont d'appas , qu'il est doux de s'y rendre !
Bachus c'est de toy seul que mon cœur veut dépendre ;
Si quelquefois tu trouble la raison ,
C'est pour la garentir du dangereux poison
Que l' Amour y pourroit répandre.

Un Vandangeur.

Que l' Amour seroit dangereux
Si Bachus ne rendoit son pouvoir moins terrible !

Les Trois Vandangeurs.

Que l' Amour seroit dangereux
Si Bachus ne rendoit son pouvoir moins terrible !

BALLET

L'AUTOMNE.

Mortels unissez-les tous deux
Et voftre fort fera paifible.

L'Automne & les Vandangeurs.

$\left. \begin{array}{l} \textit{Uniffez-} \\ \textit{Uniffons-} \end{array} \right\}$ *les tous deux*

$Et \left\{ \begin{array}{l} \textit{voftre} \\ \textit{noftre} \end{array} \right\}$ *fort fera paifible.*

FIN DE LA TROISIE'ME ENTRE'E.

QUATRIE'ME ENTRE'E.

Le Theatre represente dans l'enfonce-
ment un Palais magnifique, dont la
face principale donne sur une Place pu-
blique, & l'autre sur un Jardin à qui
l'Hyver n'a pas encore ôté tous les agré-
mens.

Dans cette
Quatriéme
Entrée on
represente
l'Amour
brutal.

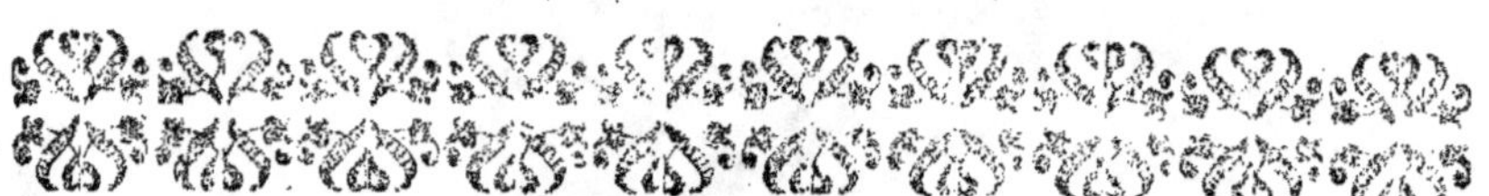

SCENE PREMIERE.

L'HYVER seul.

JE sors de ma Grotte profonde,
Je regne avec horreur sur la Terre & sur l'Onde ;
Mais malgré ma rigueur la Saison des Zephirs
Rassemble moins que moy de jeux & de plaisirs.

J'interromps les exploits des Vainqueurs de la Terre,
Quand je viens glacer les guerets :
Lorsqu'aux mortels je declare la guerre ;
C'est pour les faire vivre en paix.

Dans nos climats glacez l'amoureuse puissance
Ne trouve point de resistance ;
Et le froid Borée à son tour
Vient de se rendre aux charmes de l'Amour.

SCENE DEUXIE'ME.
BORE'E, AQUILON.
AQUILON.

JE ne puis concevoir le trouble de vostre ame.
BORE'E.

L'Amour d'un trait de flâme
Vient de percer mon cœur en ce fatal moment ;
J'ay voulu par malheur sur la belle Orithie
Jetter un regard seulement ;
J'ay vû d'un prompt effet mon audace suivie ;
Que je payeray cherement
Ce temeraire empressément !
AQUILON.

Malgré nos vains détours l'Amour sçait nous sur-
prendre,
Des cœurs les plus glacez il bannit la froideur ;

C'eſt une erreur
De croire qu'on peut s'en deffendre,
C'eſt une erreur
De l'oſer entreprendre.

BORE'E.

En vain mon cœur s'eſtoit flatté
De deffendre ſa liberté,
Contre ce tyran redoutable;
Il eſtoit fier d'eſtre indompté,
Mais il n'eſtoit pas indomptable.

AQUILON.

Sur le Dieu des climats glacez,
L'Amour vient aujourd'huy de ſignaler ſa gloire.

Enſemble.

Aprés une telle victoire
Quels cœurs ne ſeront point bleſſez.

BORE'E.

Que vois-je, ô Ciel! c'eſt Orithie:

Il l'obſerve.

Elle ſoûpire, elle rêve en ces lieux;
Ah! je vois à ſes yeux
Que le cruel Amour tient ſon ame aſſervie:
O Dieux! que d'attraits! que d'appas!
Que je ſuis agité d'amour & de colere!
Cachez-vous Aquilon, ne vous éloignez pas
Bien-tôt voſtre ſecours me ſera neceſſaire.

SCENE TROISIE'ME.

BORE'E, ORITHIE.

ORITHIE *sans appercevoir Borée.*

ME plaindray-je toûjours, Amour , sous ton
          Empire?
Ne seras-tu jamais favorable à mes vœux?
On me fuit & mon cœur est toûjours amoureux,
Sans espoir de secours je languis, je soupire;
Me plaindray-je toujours, Amour, sous ton Empire?
Les plus sombres forets, les antres les plus creux
Sont les témoins secrets de mon cruel martire,
Et les Echos touchez de mes cris douloureux,
          Se lassent de redire
          Que mon sort est affreux:
Me plaindray-je toujours, Amour, sous ton Empire?
Ne seras-tu jamais favorable à mes vœux.

BORE'E *sans estre apperceu.*

          Qui peut à son cœur amoureux
          Causer cette sombre tristesse ?
          Ciel! quel est cet amant heureux?

ORITHIE *sans l'appercevoir.*

Jaloux soupçons d'un amour malheureux
Voulez-vous m'allarmer sans cesse?

                              Vous

Vous ne paroissez point cher objet de mes vœux,
Zephire, se peut-il qu'un nouveau feu vous presse?
Non vous m'aymez, un amour soupçonneux
Offenceroit vostre tendresse:
Jaloux soupçons d'un amour malheureux,
Voulez-vous m'allarmer sans cesse?

BORE'E à part.

Zephire est cet heureux amant
Qui cause mon cruel tourment.

BORE'E à ORITHIE.

Vous ne connoissez point encor, belle Princesse,
Tous les amans que vous avez soûmis.

ORITHIE.

O Dieux!

BORE'E.

Comme à Zephire il doit m'estre permis
De parler du trait qui me blesse.

ORITHIE.

Non, Zephire ne m'ayme pas,
Il brûle pour d'autres appas.

BORE'E.

Non, vous entreteniez dans cette solitude
Vostre amoureuse inquietude.

ORITHIE.

Je n'ay jamais senti ny l'amour ny ses traits,
Non, je ne veux aymer jamais.

BORE'E.

Zephire vous adore, il a trop sçeu vous plaire;
Mais si dans son amour il demeure obstiné,
Je sçauray bien punir l'audace temeraire
        Où son cœur s'est abandonné.

ORITHIE.

Juste Ciel!

BORE'E.

        Son peril fait naistre vos allarmes,
        Vous ne pouvez cacher vos larmes.

ORITHIE.

Non, ce n'est point l'Amour qui cause mon ennuy,
        La pitié seulement m'interesse pour luy.

BORE'E.

Il faut que vostre cœur aujourd'huy se refuse
Aux tendres sentimens dont vous payez ses feux.

ORITHIE.

        Vous m'accusez à tort.

BORE'E.

        Est-ce ainsi qu'on m'abuse?
        Preparez-vous à m'obeïr.

ORITHIE.

Qu'entens-je?

CHOEUR.

Sans nous piquer de preference,
Soyons toujours d'intelligence :
Redoublons nos Concerts,
Et faisons retentir dans le vague des airs
Noſtre réjoüiſſance.

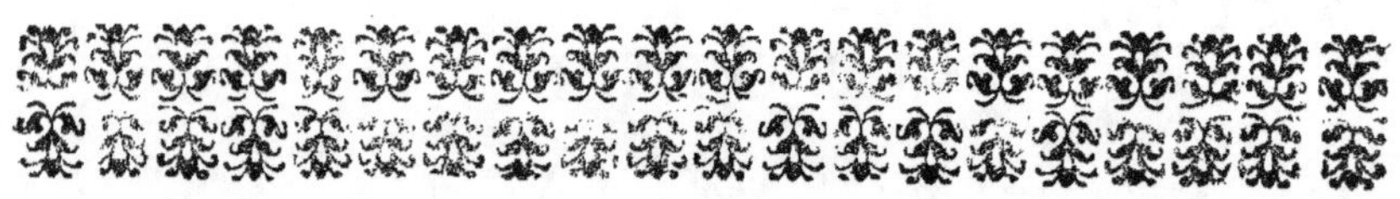

SCENE CINQUIE'ME.

APOLLON, LES QUATRE SAISONS,
& leur Suite.

APOLLON.

Es Saiſons ont banny la Diſcorde cruelle,
Celebrez leur gloire immortelle,
Joüiſſez deſormais ſans trouble & ſans chagrin
Des douceurs d'un heureux deſtin.

MOMUS.

Aymables Jeux, faites-vous reconnoiſtre,
Venez, venez, haſtez-vous de paroiſtre,
Sous de nouveaux déguiſemens
Formez de cette Cour les doux amuſemens.

SCENE QUATRIE'ME.

APOLLON paroist dans un Char brillant.

LES QUATRE SAISONS.

M O M U S.

Mars ne ravage plus la Terre,
L'Hyver a fait cesser les fureurs de la guerre,
Il ramene avec luy les jeux & les amours,
Cette Saison vaut bien la Saison des beaux jours.

A P O L L O N.

Quel interest vous force à vous détruire,
Dieux des Saisons qui partagez mon cours!
Pourquoy cherchez-vous à vous nuire!
Vous donnez tous aux mortels d'heureux jours.

Le doux Printemps amene l'esperance,
L'Esté vient avec l'abondance,
Et l'Automne produit le Nectar precieux
Qu'on boit à la Table des Dieux.

Les Jeux suivent l'Hyver, c'est luy qui les rassemble;
Vous avez tous un employ glorieux,
Vous rendez heureux ensemble
Tout ce qu'on voit sous les Cieux.

Sans vous piquer de preference,
Soyez toujours d'intelligence,
Et joüissez des Jeux & des Plaisirs,
Que l'Hyver offre à vos desirs.

BORE'E.

Mon amour ne veut point de replique.

ORITHIE.

Est-ce ainsi que l'Amour s'explique?
Est-ce faire aymer, ou se faire haïr?

Porte ailleurs les fureurs où ton cœur s'abandonne,
Ton amour m'irrite & m'étonne:
Quel cœur d'un tel amour ne seroit point surpris?
Va n'espere de moy que hayne & que mépris.

BORE'E.

Sans espoir de secours pretendez-vous contraindre
Mon cœur à s'enflâmer?
Si je ne puis me faire aymer
Je sçauray bien me faire craindre.

Aquilons, répondez à mes vœux empressez,
Volez, conduisez-nous dans les climats glacez.

ORITHIE.

Quelle barbare violence!
Ciel! ô Ciel! prenez ma deffense.

SCENE SIXIE'ME.

Les mesmes Acteurs de la Scene precedente.
Troupe de Jeux & de Plaisirs.

LES QUATRE SAISONS.

L E *Dieu qui répand la lumiere*
    A comblé tous nos desirs ;
Joüissons des plus doux plaisirs
Pendant qu'il suivra sa carriere.

Le Chœur repete ces quatre derniers Vers.

Fin de la quatriéme & derniere Entrée.